張遐民 著

楊業父子忠勇事蹟考

——就史志談「楊家將」——

中華書局印行

小言

幼年，喜觀晉劇（即山西梆子），尤喜看扮黑花臉楊七郎與大二韓昌作戰之「金沙灘」，小花旦扮穆桂英在弘州城之「大破天門陣」。後負笈北平，偶爾相偕三二學友，赴西長安街觀賞平劇，老生演唱之「四郎探母」與「轅門斬子」等劇，誠然是百看不厭。抗戰期間，道經蘭州、西安，承友人約觀秦腔，適演「四郎探母」，其唱腔之高昂悲壯，迄今仍縈旋於腦際。三十八年抵台以來，有關楊家之故事，或聽自收音機，或觀自電視機，此種代表中國傳統文化忠孝節義之戲劇，亦不斷的欣賞。近年間，電視台又擴大宣播有關楊家忠勇保國之電視劇，如「楊八妹」、「鐵血楊家將」等。

戲劇也好，電視劇也好，個人觀賞之次數越多，越引起內心裏不少的疑問。如楊業究有幾個子女，他們的名號究如何稱謂？楊家父子爲大宋皇朝出死力，忠勇抵抗契丹遼朝究在何時何地？「金沙灘」、「洪羊洞」、「李陵碑」、「弘州城」究在何處？凡此，一般通俗小說及戲劇與電視劇中，均沒有詳細的說明。個人爲解答這些問題，抽暇翻閱過幾本史籍，並參閱了山西與綏遠兩省的地方志書，就其中記載有關楊業父子之家世及其作戰的事蹟，不揣譾陋，把梳抉擇，編成此一小册。惟個人所知有限，册中所述楊業父子的事蹟，恐遺漏尚多，拋磚引玉，敬希博學之士及閱者諸君，教正是幸。初稿，煩鄉賢弟李君士鐘分神校閱，就此致謝。

張遐民誌於民國七十三年八十賤辰

楊業父子忠勇事蹟考目次

張遐民

一、從志書與晉綏兩省境內遺留之古蹟說起

人、時、地三者交相演變，始締造出人類社會光輝燦爛，永垂不朽之歷史。故研考已往史實最佳之方法，莫若先由地理求人事，再就人事論史實。宋與契丹幾次作戰以及楊業父子爲國犧牲，是無可否認之史實；但當時交戰之地與楊業捐軀究在何時何處？茲先依據地面上之遺跡與志書所記載者說起。

㈠祠塔與城寨

(1)五臺山，有楊令公（卽楊業）塔，宋太宗揷箭嶺，以及五郎祠（卽楊延德）。

「山西省志」載：「五台山在五台縣東北一百二十里，環五百餘里，上有五峯巔，背積土象台。爲文殊師利現光地。」大華嚴經：『東北方有處，名清涼山，從昔以來，諸菩薩衆於中止住。現有菩薩名文師殊利與其眷屬諸菩薩衆一萬人俱常在其中，講演說法。』中台高三十九里，頂周五里。一名翠巖峯，眉接西北二台。有五溪發源，二溪左注清涼河，三溪右由西台下出峩口，入滹沱河。台有靈鷲峯，今名菩薩頂，有楊令公塔。東台高三十八里，頂周三里。東望明霞如鏡，卽大海也。一名望海峯，爲五台中之最高峯。南台高三十里，周一里；又南二里有古南台。

插箭嶺在東二十里，宋太宗北征，插箭於此。西台高三十五里，頂周二里，一名掛月峯，上有泉。四十里至繁峙縣界。台上有魏文帝人馬跡。北台高四十里，頂周四里，一名叶斗峯。麓有七風雲雷電，惟出半麓，雲氣瀰漫，旋覆四十里。衆溪發源至繁峙川前入清涼河。五郎祠在樓觀谷之西。」（註一圖一）

⑵代洲北有試刀石，元崗堡有孟良城與焦贊寨及楊將軍祠。

「代洲志」：「試刀石在洲北八里大路旁，一石中分。俗傳楊六郎（延昭）拔劍試之，遂剖爲二。元崗堡西南八十里，有孟良城址存，堡南十里，有焦贊寨。楊將軍祠在鹿蹄洞，祠宋刺史楊業也。太平興國五年，將軍以數百騎，破遼人十萬衆於雁門，故祠之。」（註二）

㈡洞谷與墓址

「臨河縣志」載與作者所見，洞谷有隱子溝與洪羊洞，前者在歸綏縣境東距歸綏市八十里地，後者在綏境烏蘭察布盟之西公旗距狼山灣二百餘里處。

隱子溝位作者家鄉南三里之山谷中，洞口高八尺，寬五尺，東西長二十餘里，東面出口處直通至一大內陸湖（通稱爲海），爲取水飲用，近海有一村名海子灣。傳言：宋遼於此地作戰時，鄉民爲逃避遼兵姦殺，集體挖掘此洞谷，而藏身其中。但僅許成年男女藏入，恐兒童哭聲外洩，一概不准進入。一日，有一婦人懷抱小孩，坐在洞谷外哀啼，遼兵見而迫問，何故啼哭？婦人具實以告。遼兵遂以硫黃置於洞谷口，將數千男女全部熏死。據鄉老言：在清初，入洞谷後尚可通至大海子，洞內兩壁及地底，時發現大小骨骼，以及飲食用具鐵器及泥土製作之罎罐等。作者七八歲時，與童友牧馬於山腰，相偕攜手側身進入洞內，走十餘步，即被坍土阻塞，不能前進，冷風撲面，毛骨悚然，此後再未敢試入。（註三）

「臨河縣志」載「遊洪羊洞記」：洪羊洞爲狼山古蹟之一。距狼山灣二百餘里有一阿貴廟，坐落半山，洪羊洞離廟西三里許。遊洞者，皆借榻於此廟。翌晨，煩喇嘛前導，逾峻坡兩折，西面有陡崖壁立，高矗清冥。洞門東向，寬三尺許，高六尺，入內虛無一物。寬廣方丈餘，高下僅容中人軀。西面有石門，大如合簣。喇嘛俯身導升，如登坂，傴僂若膜拜，三十步後，始得昂首進穴中。石隙露微光，但聞風聲狂吼，人競競欲墜，手捫兩壁，石滑而膩，階盡百階，豁然開曠，身已在石室中。室無窗門，高二十丈，寬廣方十五六尺，東西有石罅穴，透光與空氣。四壁石爲赭色。北有石佛，高丈餘，趺坐，似大歡喜佛像。上有巖泉，直噴佛頂而下注，如瀑布、貫珠，交流無止息。佛座下有窗井，水瀉其中，深不可測。室之四壁，平削無鑿痕，似純出天然。石隙風甚厲，不能久留，由舊道而下，步出洞外。東望，距洞五百餘步，有懸崖高聳百丈。崖半有巨物縋繫，形似長匣，長丈餘，粗如盛糧之甕，色黝黑，似以鐵製，兩端若以索縋繫，是爲洞外之附屬物。傳言：此洞爲遼國寄存楊業死屍之處，洞外之長匣，內存其生前使用之武器。是耶非耶，洞內外未見任何碑碣，一字之標記，誠一憾事也。」距洪羊洞東北三十里許有漢之李陵碑。傳說：楊業戰敗，撞此碑而死。（註四）

「歸綏縣志」：宋之焦贊墓，在焦贊墳鄉附近，有殘碑剝蝕殆盡。碑陰有詞曰：「洞號洪羊臨驛路，莫使銀牙誤楊業，孤墳無定所，那更有焦贊墓。宋裨將傳三尺土，待我來懷古；子夜祀神敲社鼓，靖朔漠思汝。」焦贊鄉究在何處？亦無詳細說明。

遼豐州富民縣故城，在綏遠城東三十里之白塔鎮南，塔之南北，各有故城一，俗稱華嚴城。白塔亦稱華嚴經塔，在鎮之西北隅，七級，高二十丈，周三十六步，蓮花台座凡八面，嵌萬部華嚴經，塔橫扁一方，篆書。塔巔有金世宗時閱經人完顏□□等姓名。相傳：塔爲遼聖宗時建，在富民縣西北隅寺內，今城寺俱圮，惟塔獨存。考富民縣隸屬豐州，就史書所記，宋遼後期之交戰處，即係在弘州與此一地區。富民縣之城址尚存。（註五）

㈢銅簇、古幣與陶器

富民縣故城，即今歸綏、和林、涼城三縣交界一帶，自歸綏縣之東至涼城縣之西，長寬百數十里之山谷中，有數條城池故址，高約五尺，長約兩三里。居住此地之農民，稱此地爲城壕地。鄉民在此一地帶，每於春季耕作時，必能發掘出若干宋遼時期之銅、鐵以及陶製等日用器具，而每歲春季狂風過後，婦孺等競相到城壕地段，撿拾銅簇與古幣。作者家鄉，即有多人存有此項古物，但以不知其珍貴，將大部存物，竟廉價售予收買古物者之手。（圖二）

總上所述，自綏遠境今之涼城至臨河狼山灣，東西長達八百餘里，其間宋遼時之城墓之遺址、遺物、掌故等，不勝枚舉。然今難得一碑碣考證其史實。推其原因，一則由於平戎表功之銘，必有詆毀敵方之語，彼族惡其無狀，故多踣而去之。一則由於淪於異族日久，千里陰山皆其世守故土，但並不知保存古蹟，珍護文物，以至迄今竟無一字可考。然宋遼在此一地帶曾發生交戰之事，當可徵信。

註一：「山西省志」卷二十六。

圖一：五台山坐落簡圖。

註二：「代州志」卷一。

註三：綏遠省古蹟遺址記。

註四：「歸綏縣志」。

註五：「歸綏縣志」。

圖二：綏境宋遼時代遺留古蹟散布區域簡圖。

綏遠境內宋遼時期古蹟遺址圖

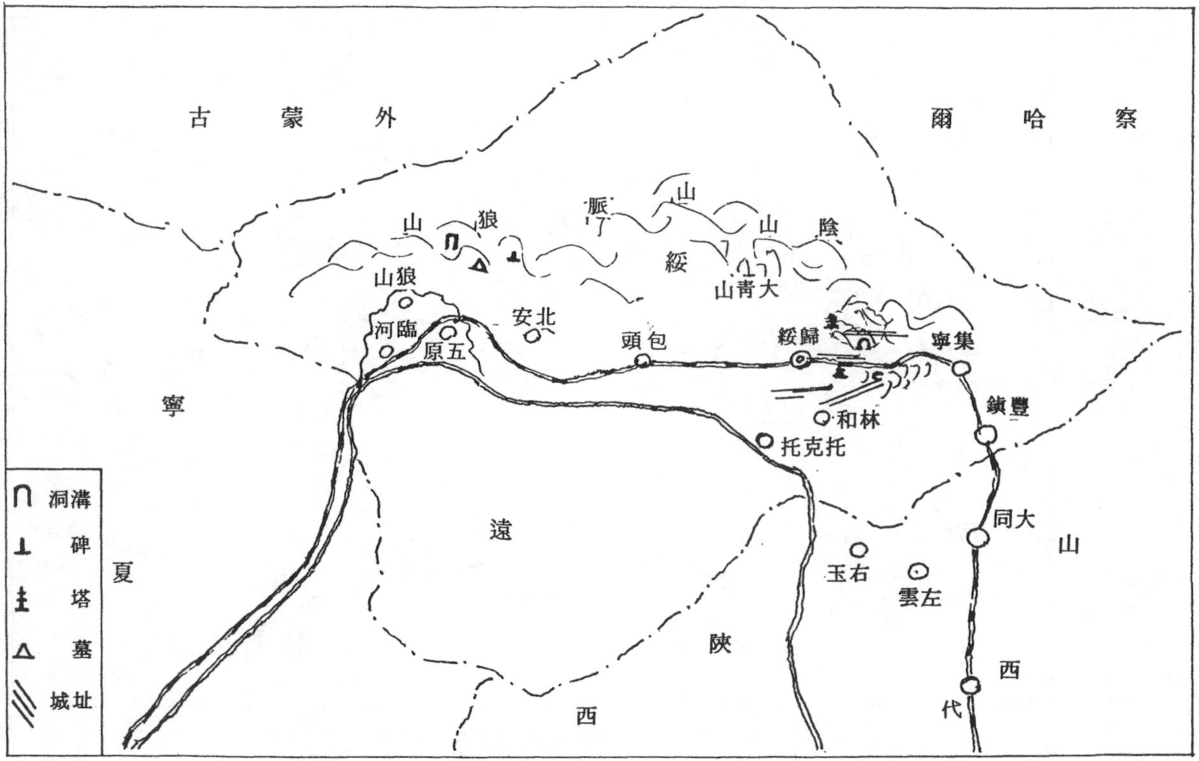

五臺山位置略圖

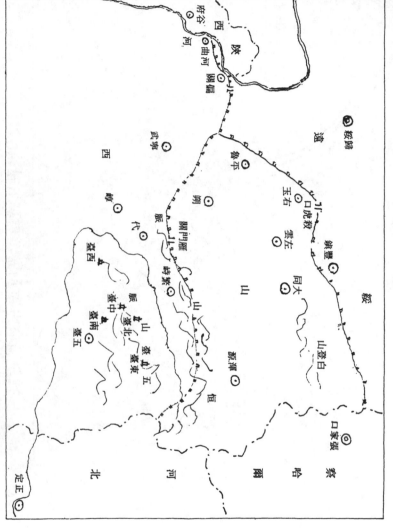

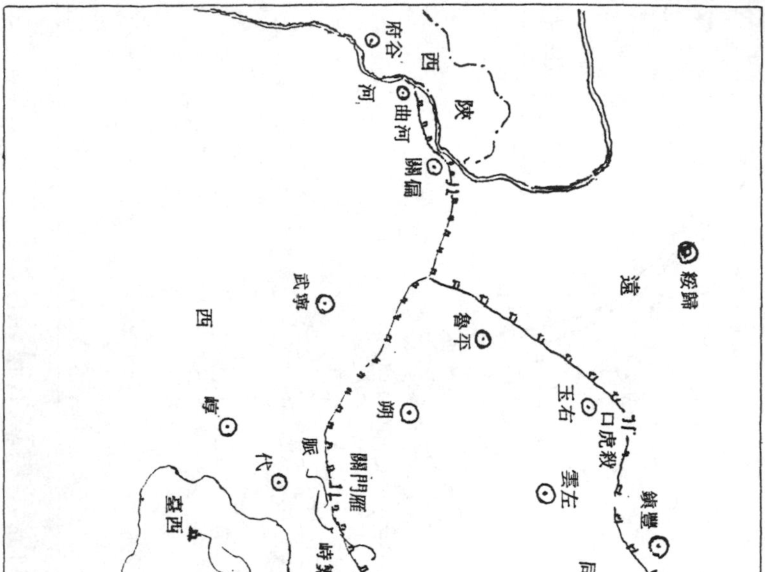
綏遠
歸綏
陝西
府谷
河曲
偏關
寧武
平魯
朔
右玉
殺虎口
左雲
豐鎮
大同
山
白登山
渾源
雁門關
代
繁峙
崞
西臺
中臺
北臺
南臺
東臺
五臺
張家口
察哈爾
河北
正定
山西

二、宋遼興起及其疆域建制之概勢

(一)宋之興起與疆域建制

(1)興起之主因及經過

唐自昭宣帝天祐四年（九〇七），朱全忠廢唐帝，即位大梁，唐亡。迄宋太祖建隆元年（九六〇），其間變亂頻仍，中原一帶梁、唐、晉、漢、周五朝，相繼興起與衰落，歷史上稱之爲五代時期。至中原以外各處，群雄割據，自立稱王並傳其子孫者，前後計有十餘國。唐中葉以後，節度使權力過大，其間朱全忠即以節度使一員而篡唐，其他實力相若之節度使，爭相倣效，僭越自立，遂形成全國紛亂之局。嗣經五代第一英主周世宗（名榮，太祖郭威之養子），經略鄰近諸國，遠交近攻，促成半統一之形勢，此一形勢，乃奠定宋代統一中國之基礎。

北周恭帝（名宗訓，世宗崩，嗣位，時方七歲）顯德七年（恭帝元年，宋太祖建隆元年）正月，降制周使殿前都點檢趙匡胤，帥師禦漢。師至陳橋，衆將以主幼，雖死力破敵有誰知之；不若先立點檢爲天子，然後北征。並以事告知匡義（匡胤弟）與書記趙普。軍士環甲執兵，直迫胤寢所。匡胤驚起，未及言對，黃袍已加身上。衆擁還汴梁（開封）。匡義進言曰：「夫濟天下者，當使百姓戴若父母，京師天下根本，願號令諸將，禁戢攘奪。」匡胤曰：「甚善。」乃攬轡誓諸將曰：「汝等自貪富貴，立我爲天子，能從我命，則可；不然，不能爲君主也。」衆皆下馬，願受命。匡胤曰：「太后主上，我北面事者，不得驚犯。公卿皆我比肩，不得侵陵。朝廷府庫，不得侵掠。用命有重賞；不然，當誅族。」皆曰：「諾。」胤令甲士歸營，自退居公署。時早朝未罷，將士擁胤入宮。召百官至，翰林承旨陶穀袖出禪詔，北面受拜，乃升殿卽帝位。國號宋，是爲宋太祖。

(2)疆域與建制

宋太祖趙匡胤原爲北周歸德節度使，因歸德在宋州，故以宋爲其國號。太祖與太宗兩朝，削平荊南、後蜀、西漢、南唐、吳越、北漢諸國，唐末五代以來混亂紛裂之局勢，自此結束而成統一國家。太宗時，倣唐制將全國分設十道；其後改置京東、京西、河東、河北、陝西、淮南、江南、湖北、湖南、兩江、福建、四川、山西、廣東、廣西等十五路。後世各路略有變更，直至神宗時改置二十三路，始成定制。（註一）

㈡遼之興起與疆域建制

(1)興起之概情

十世紀初，崛起於今之興安與熱河兩省境內之北方民族所建立之國家，即爲遼帝國。其國王姓耶律氏。後梁末帝貞明二年（九一六），耶律阿保機（諱億，字阿保機，小字啜里尺），始以契丹國號稱帝，即遼太祖神州元年，建都於熱河省境之臨潢，是爲契丹太祖。傳至其子耶律德光（字德謹，小字堯骨），是爲太宗。在其天顯十二年間，仍稱契丹，及在位十三年即會同元年，始改稱遼。（註二）

當其盛時，疆域之廣，東至日本海，西迄天山，包有內外蒙古及河北與山西之北境。七傳至天祚帝耶律延禧（字延寧，小字阿光）之保大七年（一一二五），爲女貞族（初號女貞，後避遼興宗諱，乃改稱女貞，即古之肅愼。居混同江之東，即宋初鼻祖之部落）之金國所滅。凡九主，二百一十年。

遼亡之前一年（一一二四），其王族南京（即北平）之守將耶律大石（字重德，太祖八代孫，通遼、漢文，善騎射），率部西走，行經萬里，沿途奮戰，征服西域各部族，於宋高宗紹興二年（一一三二），以垂河（CHUI）爲中心，建立一大國，號稱黑契丹，自稱大汗，史稱西遼。繼延八十四年，後爲元所滅。（註三）

遼原屬女貞之一部落，由部落而建行國，終至兼統蕃、漢、渤海、女貞諸民族。其擴張疆域，計有四次，即唐代以前，唐時，太祖阿保機時代（九〇七—九二六），太宗耶律德光時代（九二七—九四六）。據遼史地理志總序：「遼國其先曰契丹，本鮮卑之地，居遼澤中，去榆關（山海關）一一二〇里，去幽州（北平）七一四里。南控黃龍（舊曰龍城，今之朝陽），北帶潢水（今熱河林東等地），冷陘屏右，遼河塹左。高原多榆柳，下濕饒蒲葦。北元魏時，有地數百里。」—以上唐以前。至唐，大賀氏蠶食扶餘（吉林省農安縣一帶向東拓張），室韋（蒙古之一部，向北發展），奚（朝陽赤峯一帶，向南推進）、靺鞨（今遼北省，向南發展）等地方，約二千餘里。唐太宗貞觀三年，大賀氏窟哥爲使，持唐節領十州軍事，分州建官。—以上唐代。遼太祖以迭剌部之衆代遙輦氏，起臨潢（今林東縣），建皇都。東併渤海（國王爲大諲譔），得城邑一百有三（遼史兵衞志；天顯元年，滅渤海國，得地五千里，兵數十萬以及其五京、十五府、六十二州，盡有其衆，契丹益大。）

⑵疆域與建制

遼太宗立，擁今河北省境內者，有幽（時稱幽州三十府，今北平）、涿（今涿縣）、檀（今密雲縣）、薊（今薊縣）、順（今順義縣）、瀛（今河間縣）、莫（今任邱縣北三十五里）；察哈爾境內者，蔚（今蔚縣）、新（今涿鹿縣）、嬀（今懷來縣）、儒（今延慶縣）、武（今宣化縣）；山西省境內者，雲（今大同縣）、應（今應縣）、寰（今朔縣東部）、朔（今朔縣），共計十六州。東朝高麗，西臣夏國，南子石晉（註四）

，而與趙宋結爲兄弟，吳、越、南唐航海輸貢。總之，遼代先倣渤海國建五京：（上、中、東、西、南五京），六府臨潢（今林東縣）、遼陽（今遼陽縣）、大定（今熱河寧城縣）、興中（今朝陽縣）、析津（今北平）、大同（今大同縣）；州城百五十六，縣二百零九；部族五十二，屬國六十。其疆域東至大海，西至金山（卽阿爾泰山），北至臚朐河（卽克魯倫河），南至白溝（河北拒馬岔河），幅員約有萬里。（註五）、（圖三）。

註一：「中國歷史地圖解說」第十五圖。

註二：「遼史卷四考證」：「太宗本紀，止有改元，而無改國號一事。」綱鑑合編卷二十八「宋紀」。

註三：「中國史地詞典」。「遼史」卷三十本紀。

註四：「遼太宗南下，經略中國北部，適後晉高祖石敬塘，乞援立爲帝，將燕雲十六州割讓於契丹，耶律德光改契丹爲大遼。」

註五：「遼史」卷三十七「志第七地理志一」。
「中國歷史地理」㈢姚從吾之「遼金元篇」。
圖三：宋遼疆域形勢略圖（參照「中國歷史地圖」第十五圖製）。

宋遼疆域形勢略圖

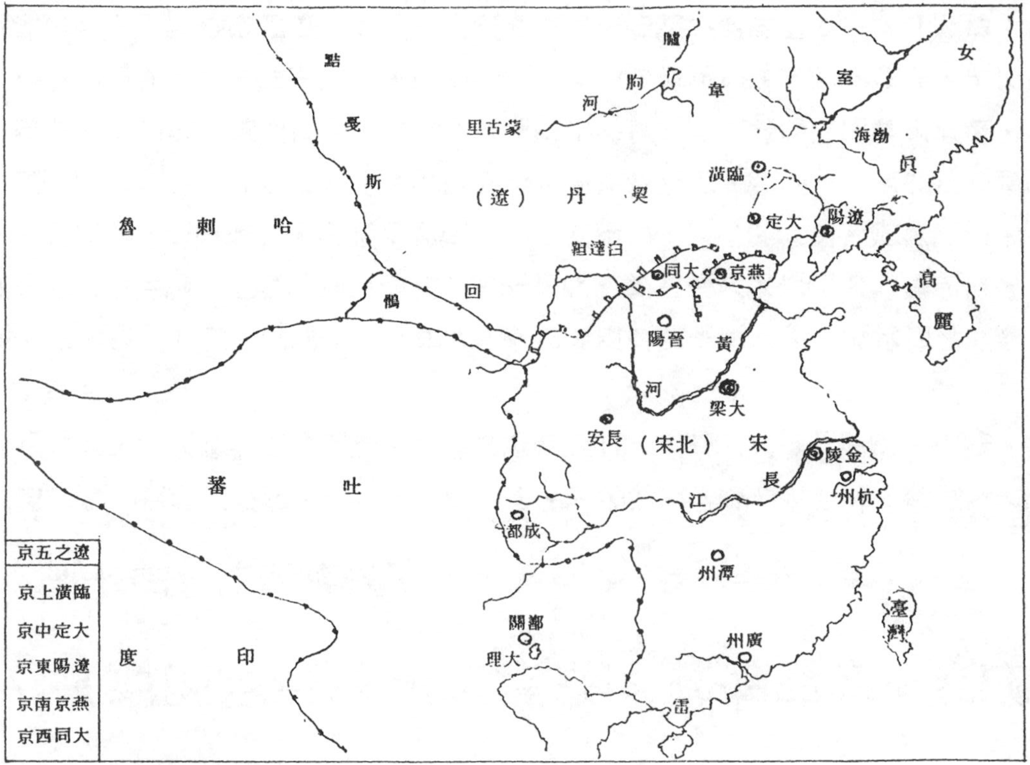

遼之五京
臨潢上京
大定中京
遼陽東京
燕京南京
大同西京
黠戛斯
蒙古里
河
朐
韃
韋
室
女
渤海
貞
契丹（遼）
臨潢
大定
遼陽
白達韃
大同
燕京
高
麗
哈剌魯
回鶻
晉陽
黃河
大梁
長安
（北宋）
宋
金陵
長江
杭州
吐蕃
成都
潭州
臺灣
大理
鄯闡
廣州
雷
印度

三、宋建國初期重要設施以及對遼關係之演變

㈢太祖「杯酒釋兵權」，遼支援北漢抗宋（註一）

太祖卽位後，先論翊戴功，石守信、高懷德、王審琦等加爵並領節鎭，餘領軍者悉進爵有差。以其弟光義爲殿前都虞侯，趙普爲樞直學士，並以周之舊臣范質、王溥、魏仁浦同平章事。

帝至大梁，諭：「以大梁爲東京開封府，洛陽爲西京河南府。」帝鑒於前朝兵禍，問趙普曰：「潛竊相踵，鬥戰不息，吾欲息天下之兵，建國家久長之計，其道何如？」普對曰：「此無他，方鎭太重，君弱臣强而矣。今欲治之，宜稍奪其權，制其田穀，收其精兵，則天下自安矣。」帝悟。一日晚朝與石守信等飲酒酣，曉諭：「人生如白駒過隙，好富貴者，不過欲多積金錢，厚自娛樂，使子孫無貧乏耳。卿等何不釋去兵權，出守大藩，擇便好田宅市之，爲子孫立永遠不可動之業……君臣之間，兩無猜疑，上下相安，不亦善乎？」守信等皆謝曰：「陛下念臣等至此，所謂生死而肉骨也。」翌日，皆稱病，乞罷典兵，賜賚甚厚。此卽所謂「杯酒釋兵權」。從此，集軍權於中央，削弱方

鎭，罷將帥兵權，並變更兵制。分全國之兵爲禁兵（由各州選精壯卒勇組成，分駐京師，並輪調屯戍於外，以免兵爲將帥控制）；廂兵（由各州選剩餘老弱者，供差役之用）；鄉兵（選自戶籍或土民應募，以防守地方）；藩兵（塞下內屬部族，自動結合，以爲藩籬。此制一直行至仁宗時。此後，兵雖多而不精，加以召募義勇結果兵愈多，而未申敕訓練，竭天下之才，養無用之兵，國勢亦愈弱。迄神宗時，用王安石，行保甲法，組織人民，汰弱整軍，惟廢置不常，鮮收實效。

五代諸侯彊盛，朝廷不能制，太祖用趙普謀，漸削其權；或因其卒，或因遙領他職，皆以文臣知代州事。並詔設通判於諸州，凡軍民之政皆通知之，事得專達，與長吏均禮，大州或置二員。所領支郡，皆直隸京師，得自奏事。

乾德二年，以普同平章事。普既爲相，以天下爲己任，帝倚任之，事無大小，悉咨決焉。帝與普計下太原，普曰：「太原當西北二面，太原既下，邊患我獨當之；不如姑俟削平諸國，則彈丸黑子之地，將安逃乎？」普剛毅果敢，然多忌刻，屢以微所不足於帝及己者爲言。帝曰：「若塵埃中可識天子宰相，則人皆物色之矣。」普自是不敢復言。帝以普爲相，乃仿唐制，以薛居正、呂慶餘爲參知政事，並詔曰：「吏員猥多，難以求治，俸祿鮮薄，未可責廉。與其冗員而浪費，不若省官而益俸。諸州縣宜以戶口率，差減其員，舊俸月增給五千。」

崇尚儒學，益重文人。徵召王昭素爲國子博士，昭素有學行，學者多從之。帝召見於便殿，問治世養身之術。對曰：「治世莫若愛民，養身莫若寡慾。」帝愛其言，書於屏几。

開寶元年秋七月，北漢主鈞殂，子繼元立。翌年，以李繼勳等進薄太原城，大敗漢兵。帝自將發汴至太原，築長城圍之，城中軍民大懼；然猶恃契丹爲援，何繼筠雖敗遼師於陽曲，斬首數千，太原城久圍仍不下。會暑雨，太常博士李光贊言曰：「蕞爾晉陽，豈復親討，重勞飛輓，取怨黔黎。豈若回鑾復都，屯兵上當，夏取其麥，秋取其禾；既寬力役之征，便是蕩平之策。」帝從之，令趙普諭諸將解圍而去。「遼史」載：

「穆宗（諱璟，小字述律，遼太宗之長子）十八年秋七月，漢主承鈞殂，子繼元立，來告遣使弔祭。十月，宋圍太原，詔撻列爲兵馬總管，發諸道兵救之。」（註二）

開寶三年，遣潘美伐南漢，先後克賀、昭、英、雄各州，漢軍大敗，南漢主鋹出降。同七年，遣曹彬將兵伐江南。帝戒彬曰：「江南之事，一以委卿，切勿暴掠生民。務廣威信，使自歸順，不須急擊也。城陷之日，愼無殺戮；設若困鬥，則李煜一門，不可加害。」且以劍授彬曰：「副將而下，不用命者斬之。」概自王全斌平蜀，多殺人，帝每恨之。彬等發江陵，克池州；依南唐人落第擧子樊若水獻策，輕取采石磯，帥師渡江。同八年春，大敗江南軍於秦淮，進圍金陵；十一月克金陵，江南主煜降。

開寶九年（太平興國元年）八月，遣黨進，潘美等伐北漢，敗漢兵於太原城北。北乾德五年，以孔宜（孔子四十四代孫，文宣公仁玉之子）爲曲阜主簿，奉孔子祀。漢主急求救於契丹，契丹主遣其將耶律沙救之。

㈡太宗時展開討遼戰事，楊業力戰殉國 （註三）

乾德九年冬十月，太祖崩，享年五十。晉王光義即位，是爲太宗。改元爲太平興國元年。以弟廷美（即光美）爲開封尹，封齊王；兄子德昭爲永興軍節度使並兼侍中，封武功郡王；德芳爲西山南路軍節度使同平章事與元尹（山南兩道漢中府）……。同二年春，賜禮部進士呂蒙正、張齊賢等及第。初太祖幸洛，張以布衣獻策，條陳十事。平幷汾等四說稱旨，齊賢堅持以爲皆善。太祖怒，令拽出之。太祖及還，語帝曰：「我幸西都，惟得一張齊賢耳。我不欲官之，他日可使輔汝爲相也。」同三年四月，平海（泉州府）節度使陳洪進，以漳泉二州來歸，以洪進爲武寧節度使。五月，吳越王錢俶以其地來歸，詔封俶爲海國王。

同四年（遼乾寧元年）春，帝議伐北漢。曹彬曰：「以國家兵甲精銳，翦太原之孤壘，如摧枯拉朽爾。」帝議遂決。以潘美爲北路都招討使，帥崔彥進等分道伐漢。又以郭進爲太原石嶺關（在太原東北）之都部署，以斷遼之燕薊援師。遼遣撻馬長壽來言曰：「何名而伐漢耶？」帝曰：「河東逆命，所當問罪。若北朝不援，和約如故；不然，惟有戰耳。」二月，帝至太原，督諸軍圍城。潘美帥師攻漢，漢求救於遼，遼遣兵赴援。宋大敗遼師，築長堤連城，以圍太原。漢外援不至，餉道又絕，城中大懼。及帝至督戰，城無完堞。北漢主繼元出降，詔賜爵彭城郡公，北漢亡。「遼史」載：

「景宗乾亨元年春正月，遣撻馬長壽使宋，問興師伐劉繼元之故。長壽還，言河東逆命，所當問罪。若北朝不援，和約如舊；不然，則戰。二月，漢以宋兵壓境，遣使乞援。詔南府宰相耶律沙爲都統，冀王敵烈爲監軍赴之。又命南院大王斜軫以所部從樞密副使抹只督之。三月，耶律沙等與宋師戰於白馬嶺，不利；冀王敵烈及突呂不部節度使都敏等皆死之，士卒傷亡甚衆。五月，宋兵至河東，漢與戰不利，劉繼文、盧俊來奔。六月，劉繼元降宋，漢亡。」（註四）。

五月，帝發太原，伐遼，遼將多降。時耶律學古守燕，悉力禦之，不能支。遼主遣耶律休哥救燕，帝與遼將耶律沙大戰於高粱河（順天府昌平縣），沙敗將遁，休哥兵適至，復戰，帝大敗，乘驢車走免。自是與遼好絕。「遼史」載：

「乾亨元年五月，宋主來侵。北院大王奚底統軍，使蕭討古乙室與王撒合擊之，戰於沙河，失利。宋主圍南京。七月，耶律沙及奚底討古等與宋兵戰於高粱河，少却；休哥、斜軫橫擊大敗之。宋主僅以身免，至涿洲，竊乘驢車遁去。擊宋餘軍，所殺甚衆。獲兵杖器甲符印糧餽貨幣等，不可勝計。」（註五）

同年八月，以楊業爲代州刺史。業善戰，號楊無敵。帝聞其名，召見，以其老於邊事，拜爲代州刺史。遼人忌之，望見其旌旗，輒引去。五年三月，楊業敗遼師於雁門，殺其將蕭咄李。時主將多嫉之，或潛上謗書，帝皆不問，封其書付業。業本河東降將，太宗得之，信任不疑，謗書封付，使邊將安心立功。

十月，遼王圍瓦橋關（在保定府雄縣），耶律休哥敗宋師，追至莫州（河間府任邱縣）。帝自將禦之，次於大名關南，諸將大敗遼師。復戰，宋師敗績。會遼王，引去。

「遼史」載：

「乾亨元年九月，燕王韓匡嗣爲都統，南院宰相耶律沙爲監軍，惕隱休哥、南院大王斜軫、權奚王莫只等，各率所部南伐。十月，韓與宋師戰於滿城敗績。二年春，封皇子隆緒爲梁王，隆慶爲恒王，以惕隱休哥爲北院大王。十月，祠天地及兵神，將南伐，祭旗鼓，次南京、固安，圍瓦橋關。十一月，宋兵夜襲營，耶律痕德戰却之。休哥敗宋師於瓦橋東，追至莫州，殺傷甚衆。班師，還次南京。」（註六）。

帝既還京，議者皆言宜速取燕州。張齊賢上疏略曰：「聖人舉事，動在萬全，百戰百勝，不若不戰而勝。臣又聞『家六合者，以天下爲心，豈止爭尺寸之土，角戎狄之勢而已。』是故聖人先本而後末，安內以養外，是知五帝三王未有不先根本者也。堯舜之道無他，廣推恩於天下之民爾。惟恩者何在乎？安而利之，民既安利，則戎狄襝衽而至矣。」

七年，定難留後李繼捧入朝（宋以爲彰德節度使），獻銀、夏、綏、宥四州。四州既歸，宋之疆土幾復漢唐之舊，其未入職方者，燕雲十六州（燕，順天府；雲，大同府。十六州：幽（北平）、薊（河北薊縣）、瀛（河間）、莫（任邱）、涿（涿縣）、澶（密雲）、順（順義）、平（盧龍），是爲山前八州，均屬今之河北省。新（涿鹿縣）、媯（懷來縣）、儒（延慶縣）、蔚（蔚縣）、武（宣化縣），均屬今之察哈爾省。雲（大同縣）、應（應縣），昔之大同府；寰（朔縣東），昔之朔平府，均屬今之山西省（註七）。

八年，趙普罷爲武勝軍節度使。帝謂宰相曰：「趙普有功國家，朕昔與遊。今齒髮衰矣，不欲煩以樞務，擇善地以處之。」以宋琪、李昉平章事，李穆、呂蒙正、李至參知政事，張齊賢、王沔同簽署樞密院事。

太宗雍熙元年（契丹統和四年）春，賀懷浦上言：契丹主幼，母后專政，寵幸用事，應乘其釁，以取幽薊。帝然之。以曹彬、潘美、田重進等爲都部署，將兵伐契丹。彬引師緣白溝河（在眞定府高邑縣南）與米信會，遼將休哥以輕騎薄宋師，另出大兵逆戰於岐溝關（在涿州城西南），宋師敗績，死傷者過半。「遼史」載：

「聖宗（諱隆緒，小字文殊奴）統和四年三月，于越休哥奏：宋遣曹彬、米信、崔彥進出雄州道，田重進出飛狐道，潘美、楊繼業出雁門道，來侵；岐溝，涿州、固安、新城皆陷。詔宣徽使蒲領馳赴燕南與休哥議軍事，分遣使者徵諸兵，益休哥以擊之。以親征，告陵廟山川。遼軍與宋田重進戰於飛狐，不利。四月，潘美陷雲州。宋曹彬、米信北渡拒馬河，與于越休哥對壘挑戰，南北列營長六七里。休哥敗宋軍，獻所獲器甲財貨。五月，遼師與宋將曹、米戰於岐溝關，大敗之。追至拒馬河（涿縣之城北），溺死者不可勝計。餘衆奔高陽，又為遼師衝擊死者數萬，棄戈甲若丘陵。」（註八）。

時，遼耶律斜軫入寰州，兵勢甚盛。楊業欲避其鋒。護軍王侁等不可，並謂業曰：「君侯素號無敵，今見敵，逗撓不戰，得非有他志乎？」業曰：「業非避死，蓋時有未利。今諸君責業避敵，尚敢自愛乎！」因指陳家谷口曰：「諸君幸於此相援，業轉戰當至此。」侁允諾。業轉戰而前，與敵相搏。侁西望煙塵蔽天，謂業得勝，欲分其功，遂引兵而前。及聞業敗，即揮兵却走，擅離谷口。潘美不能制。業敗，且戰且行，至谷口，見無人，撫膺大慟！乃再率麾下力戰，身被數十創，士卒殆盡。馬重傷不能進，被擒。其子延玉死焉。「遼史」載：

「統和四年五月，聖宗發南京，詔休哥備器甲儲粟，待秋大舉南征。六月，詔南京留守休哥，遣礮手西助斜軫。斜軫奏復寰州。秋七月，樞密使斜軫遣侍御涅里底幹勤可奏，復朔州，擒宋將楊業及所獲將校印綬，宋歸命者二百四十人，分賜從臣。斜軫奏：『大軍至蔚州，營於州左。得諜報，敵兵且至，乃設伏以待；敵至縱兵逆擊，追奔逐北至飛狐口，並乘勝鼓行而西寰州，殺守城吏卒千餘人。宋將楊業，初以驍勇，自負號楊無敵，北據雲、朔數州。至是引兵南出朔州三十里至狼牙村，惡其名不進，左右固請乃行。遇斜軫伏四起，中流矢墜馬被擒。瘡發，不食三日而死。遂函其首以獻。』詔傳其首于越休哥，以示諸軍。自是守雲，應諸州者，聞繼業死，皆棄城遁。」（註九）。

多十二月，契丹隆德大舉入寇，瀛州部署劉廷讓與戰敗績。契丹誘執知雄州賀令圖，遂掠邢保德州。楊業死，帝訪近臣知代州者，張齊賢請行，遂以齊賢知代州。契丹自湖口薄代州城，齊賢遣使期潘美以并師來會。戰使爲契丹所執，俄而美使至，云：「師出至柏，並得密詔，不許出戰，已還州矣。」齊賢曰：「敵知美之來，而不知美之退。」乃夜發兵二百人，各執一幟，負一束芻，距州西南三十里，引幟燃芻。契丹兵遙見其火光中有旗幟，意謂并師至，駭而北走。齊賢先伏兵二千於土鐙堡掩擊，大敗契丹，殺其國舅詳穩撻烈哥。「遼史」載：

「統和四年十二月，休哥敗宋軍於望都，營於滹沱河。詔休哥以騎兵絕宋兵，毋令入邢州，並詔南大王與休哥合力進討。宰相安寧領迪離部率大軍與宋將劉廷讓、李敬源戰於莫州敗之。擒宋將賀令圖、楊重進等。國舅詳穩撻烈哥，宮使蕭打里死之。」（註一〇）。

太宗端拱二年（契丹統和七年），契丹陷易州，遷其民於燕地。詔群臣上備戎策。宋琪謂：「兵凶器，聖人不得而用之。若選使通好，弭戰息民，此亦策之得也。」李昉、王禹稱等亦多以修好爲言，帝嘉納之。

帝命李繼隆發鎭定兵萬餘，護送糧餽趨威虜。休哥聞之，帥精騎數萬邀諸塗。尹繼倫適領兵徼巡，路遇之，休哥不顧而南行。繼倫曰：「寇蔑視我耳，彼南去捷還，則乘勝而驅我；此去不捷，彼亦洩怒於我，將無遺類矣。爲今日計，力戰而勝，足以自樹；縱死，猶不失爲忠義。」衆皆憤激從命。繼倫命秣馬俟夜，人持短兵，潛躡其後，行至唐州徐河（在保定府蒲城縣南），天未明。休哥去大軍四五里，會食訖將戰，繼倫方陣以待。繼倫自後急擊，殺契丹一大將，衆皆驚潰。休哥爲短兵中其臂，乘善馬遁，餘衆引退，契丹爲之氣奪。繼倫面黑，契丹平居相戒曰：「當避黑面大王。」守將盡上其狀，帝召而厚賜之。自是邊兵少息焉。

太宗淳化元年（契丹統和八年），以張齊賢參知政事，寇準、溫仲舒爲樞密副使。寇準爲樞密直學士，嘗奏事殿中，語不合，帝怒起立，準輒引帝衣請復坐，事決乃退。帝嘉之曰：「朕得寇準，猶文皇之得魏徵也。」秋七月，李繼遷請降（實無降心），任爲銀州觀察使，賜名趙保吉。十月，趙保忠降於契丹，契丹封爲平西王，復姓名爲李繼捧。

三年，趙普卒。帝曰：「普能斷大事，盡忠國家，眞社稷臣也。」普性深沉，剛毅果斷；雖多忌刻，而能以天下事爲己任。少習吏事，寡學術，太祖勸以讀書，遂手不釋卷。每歸私第，闔戶啟篋，取書讀之竟日，及次日臨政，處決如流。既卒，家人發篋，取書視之，則論語二十篇也。嘗謂帝曰：「臣有論語一部，以半部佐太祖定天下，以半部佐陛下致太平。」

五年，帝在位久，儲貳未立。召寇準入見，帝曰：「朕諸子孰可付神器者？」準對曰：「陛下爲天下擇君，謀及中宮婦人不可也，謀及近臣不可也，惟陛下擇所以副天下望者。」帝曰：「壽王可乎？」準曰：「知子莫若父，聖慮以爲可，願即決定。」遂以元侃爲開封尹，封壽王，以寇準參知政事。太宗至道元年（契丹統和十三年），立壽王爲皇太子，更名恒。二年，封天下州軍爲十五路：京西、河北、河南、陝西、江東、江西、浙東、浙西、淮南、荆湖、福建、劍南東、劍南西、廣南凡十五路，各置轉運使。

㈢眞宗抗遼計不求勝，與遼訂澶淵之盟（註一一）

至道二年三月，太宗崩。太子恒即位，是爲眞宗。咸平元年（契丹統和十六年），呂端罷，以張齊賢、李沆同平章事。二年，曹彬卒。彬疾，帝臨問以契丹事。彬對曰：「太祖英武定天下，猶委經營和好。」帝曰：「此事朕當屈節爲天下蒼生，然須執綱紀，存大體，卽久遠之利也。」

三年十月，契丹隆緒入寇，侵瀛州（河間府），圍之數重。左右請都部署康保裔易甲遁。保裔曰：「臨難毋苟免，正吾效死之日也。」遂決戰數千合，殺傷敵甚衆，兵盡矢絕，保裔、宋順等死之。十二月，帝自將禦契丹，次於大名，詔楊延昭、楊嗣諸將分道力戰。契丹知帝率戰將親征，縱掠而去。「遼史」載：

「統和十七年七月，以伐宋，詔諭諸道。北院樞密使耶律斜軫薨，以韓德讓（德昌）兼知北院樞密使事。十月，攻遂城不克。遣蕭繼遠攻狼山鎭石砦，大破之。次瀛州，與宋軍戰，擒其將康保裔，宋順，獲兵仗器甲無算。次遂城，敵衆臨水以拒，縱騎兵突之，殺戮殆盡。」（註一二）。

六年，以寇準爲三司使。趙保吉死，子德明嗣。曹瑋（彬之子）上言：「繼遷擅河南北二十年，使中國有西顧之憂。今其國危子弱，不卽捕滅，强盛不可制矣。願假臣精兵，出其不意，擒德明送闕下，復河南爲郡縣，此其時也。」帝欲以恩致德明，不報。

眞宗景德元年（契丹統和二十二年）八月，以寇準、畢士安同平章事。延昭亦上書：「契丹屯澶淵，去北境千里，人馬俱乏，雖衆易敗……願飭諸路軍扼其要路，衆可殲焉。」十一月，契丹進侵澶州（大名府之開州），帝自將禦之，渡河次澶州，契丹請盟而退。時邊書告急，一夕數至，中外震駭。寇準不發，飮笑自如。帝聞之，問準。準曰：

「陛下欲了此，不過五日，願駕幸澶州。」帝難之，欲還內，準請勿還而行。畢士安力勸帝如準所請。帝乃議親征，召群臣問方略。王欽若（臨江人）請幸金陵；陳堯叟（閬州人）親幸成都。帝問準，準曰：「誰爲陛下畫此策，罪可誅也。陛下神武，將臣協和，大駕親征，敵當自遁；不然出奇以撓其謀，堅守以老其師，勞佚之勢，我得勝算矣。奈何棄廟社，欲幸楚蜀遠地，所在人心崩潰，敵乘勢深入，天下可復保耶？」帝乃決策幸澶州。王陳二人由是怨準。欽若多智，準懼其妄有關說，阻大事，出欽若知天雄軍。契丹兵至城下，欽若閉門束手無策。十二月，帝次於澶州。契丹蕭撻凜出按視地形，時威武軍項環守牀子弩，發矢中撻凜死馬。契丹主大懼欲引去，宋師數十萬方至，於是和議益決。帝至澶州南城，望見契丹軍勢甚盛，衆請駐蹕。寇準因請過河，衆議皆懼，準力爭之不決。殿前部指揮使高瓊仰奏曰：「寇準言是。」馮拯在旁呵之，瓊怒曰：「君以文章致位兩府（東府主文之中書，西府主兵之機密），今虜騎充斥若此，君何不賦一詩退虜耶？」即揮衞士進輦，帝遂渡河。遠近望見御蓋，諸軍均踴躍呼萬歲，聲聞數十里，契丹氣奪。帝悉以軍事付寇準。準承制專決，號令明肅，士卒畏悅。已而契丹數千騎來薄城下，高瓊、楊延昭等迎擊，斬獲大半，乃引去。

曹利用自契丹歸，言契丹欲得關南地。帝曰：「歸地事極無名，若欲貨財，漢以玉帛賜單于，有故事，宜許之。」準不欲賂之以貨財，且欲邀其稱臣及獻幽燕之地。因畫策以進曰：「如此，則可保百年無事；不然，數十年後我且生心矣。」準欲擊之，使隻輪不反。帝方厭兵，乃曰：「數十年後，當有扞禦之者，吾不忍生靈重困，姑聽其和可也。」準尚未許，契丹遣使持書來請盟，準不從。會有譖準幸兵以自取重者，準不得已乃許其成。復遣曹利用如契丹軍，議歲幣，利用竟以絹二十萬疋，銀十萬兩，定和議：南朝爲兄，北朝爲弟，交誓約，各解兵歸。自是西北弭兵，準之力也。「遼史」載：「統和二十二年十一月，次澶淵，蕭撻凜中伏弩死。宋遣崇儀副使曹利用請和。卽遣飛龍使韓杞持書報聘。十二月，宋復遣曹利用來，似無還地之意。遣監門衞大將軍姚東之持書往報。宋遣李繼昌請和，以太后爲叔母，願歲輸銀十萬兩，絹二十萬疋。許之，卽遣閤門使丁振持書報聘。詔諸軍解嚴，是月，班師。（註十三）。

綜上述太祖、太宗、眞宗三朝，其重大措施，軍事多於政事；而軍事之最感困擾者，爲宋遼之爭戰。戰事始於太祖時契丹支援北漢，繼而激戰於太宗，終則議和於眞宗。此後，自仁宗以西夏邊患急，遂遣富弼使遼，續結和約。迨至英宗、神宗以還，內以太后權同聽政，群小讒間，朋奸比黨，以蔽要政，民情苦難，致天下蒼生嗷嗷待救；外則人主惑於玩好與方士，侈樂於土木；尤迷於邊功，希得志於西疆，進可圖遼並結交女眞。孰知計未一得，徒結怨於遼與金。社稷板蕩，胡馬分牧，四壁之外，皆非宋有。太祖艱難締造之業，蕩然一空，北宋之命運，至此絕矣。

史家稱：太祖仁孝豁達，質任自然，葦簾布衣，不事媥餙。嘗讀二典嘆曰：「堯舜之世，四凶止於投鼠，何近代法綱之密耶？」故自開寶以來，犯大辟非至理深害者，多得貸死；惟贓吏棄市。善於任使，垂意將帥。分令李漢起等控於西北，其族屬在汴京者，撫之甚厚；並許其召募亡命，以爲爪牙，凡軍中事，皆得便宜。故二十年內，無西北之憂，以致敉平蜀楚，拓展吳越，所向遂志。蓋能推赤心以馭群下所致也。太宗沈謀英斷，勤儉自勵。親征太原，混一版圖。喜於讀書，而曰：「開卷有益。」並立崇文院，封孔宜，納直諫，禁寺觀，選循吏，誅贓官。因楊業殉難，岐溝之役，而推誠悔過。因災異之變，而自焚答譴，故其郅治之美，駕軼前主。惟寵愛潘淑妃，權傾後宮，所求無不得。眞宗寬仁慈愛，有帝之量。然好道教，信惑異說，東封西祀；祥符天書，紛紛製作。景德之初，契丹侵澶淵，邊書告急，驚怖朝野。幸寇準親扶帝駕，談笑以禦之，而使敵不敢窺邊者二十有九年。倘當時寇相之計盡行，則將使敵騎無還，可保百年無事矣。爲息戰安民，甘心納幣於敵，而誓盟城下，是眞宗帝自貽戚於夷狄也。

註一：「綱鑑合編」宋紀太祖。

註二：「遼史」本紀卷七。

註三：「綱鑑合編」宋紀太宗。
註四：「遼史」本紀卷九。
註五：同上。
註六：同上。
註七：「中國歷史地理」遼金篇。
註八：「遼史」本紀卷十一。
註九：同上。
註一〇：「遼史」本紀卷十一及考證。
註一一：「綱鑑合編」宋紀眞宗。
註一二：「遼史」本紀卷十四。
註一三：同上。

四、宋遼戰事演進中楊業父子爲國捐軀之時地研判

(一)宋遼戰事之演進

就前述宋遼關係之演變，探討雙方戰事之進展，顯見約經下述三個階段：

(1)太祖兵伐北漢，契丹出師援助

太祖開寶元年（契丹穆宗十八年）秋七月，北漢主鈞殂，子繼恩立。翌年，帝遣李繼勳等進薄太原城，帝自將至太原，築長城圍之。城中大懼，然猶恃契丹爲援，力抗拒之。遼將撻列帥兵來援，何繼筠敗遼師於陽西，斬首數千。圍太原城久不下，適逢暑雨，帝從李光贊言，解圍而去。

開寶九年（太平興國元年）春，曹彬伐江南，克金陵還。帝遣潘美等伐北漢，擊敗漢兵於太原城北。北漢主急求援於契丹。遼主遣其將耶律沙救之。宋遼交戰之序幕，自此展開。

(2)太宗兩次親征契丹，均敗歸

太宗太平興國四年（契丹乾寧元年）春，以潘美爲北路都招討使，與崔彥進等分道伐漢；以郭進爲太原石嶺關（太原城東北）都部署，以斷契丹援師。二月，帝至太原，督諸軍圍城。漢求救於遼，遼遣兵赴援，潘美大敗遼師，遼將撻列、都敏等死之。八月，漢外援絕，糧道又斷，及帝親臨督戰，城無完堞，軍民大懼。漢主繼元出降，勇將劉繼業亦降宋。「通鑑」載：

「太平興國四年八月，北漢將劉繼業素驍勇，及繼元降，繼業猶據城苦戰，帝欲生致之，令繼元招之。繼業乃北面再拜，大慟，釋甲來見。帝喜慰撫之甚厚，復姓楊氏，正名業，授領軍衛大將軍，嗣以業爲鄭州防禦使。帝以業老於邊事，令知代州兼三交（河東三交口）駐泊兵馬部署。五年三月，敗遼師於雁門（註一），殺其駙馬侍中蕭多囉，獲都指揮使李重誨。十二月，以楊業領雲州觀察使知代州事。業自雁門之役，遼人畏之，每望見業旗，即引去。主將屯邊者多嫉之。」（註二）。

同四年五月，帝發太原，伐遼。遼遣耶律救燕，帝與遼將耶律沙戰於高粱河（在昌平縣），沙戰敗將逃走；耶律斜軫至，復戰，宋軍大敗，帝乘驢車脫險。十月，遼師圍瓦橋關（在保定府雄縣），耶律休哥敗宋師。帝自將禦之，次大名關南，大敗遼師。復戰，宋師敗績。

太宗雍熙元年（契丹統和四年）春三月，帝以曹彬、田重進等伐契丹，以取幽薊。

曹彬由雄州道，田重進由飛孤道（註三），潘美與楊業由雁門道，分別出重兵戰於岐溝關（在順天府涿州城西南），攻陷岐溝、涿州、固安、新城。四月，潘、楊二軍陷雲州。五月，曹彬與遼將休哥戰於岐溝，敗績，死傷過半。「通鑑」載：

「帝告曹彬等曰：『潘美但先取雲、朔，卿等宜持重緩行不得貪利。』及彬等乘勝而前，每奏書聞，帝訝其進軍之速。彬既次涿州，契丹南京留守耶律休哥，以兵少不敢出戰，夜則令輕騎掠其單弱，晝則以精銳設伏，絕宋糧道。彬居涿旬日，以食盡退師雄州（保定府城東之雄縣），以援餽餉。帝聞之大駭曰：『豈有敵人在前，反退軍以援芻糧，失策之甚也。』」（註四）。

同年七月，遼將耶律休哥與耶律斜軫入寰州，兵勢甚盛。楊業欲先避其鋒。護軍王侁與主帥潘美等迫業率部力戰，業身負流矢數十創，士卒傷亡殆盡。馬重傷不能行，業墜地被擒。其子延玉亦遇難。業太息曰：「上遇我厚，原期討賊捍邊以報，今反爲姦臣所迫，致王師敗績，何面目求活耶！」乃不食三日而死。事聞，帝深痛之，詔贈太尉，而除侁名。

業死。冬十二月，契丹隆緒大舉進犯。瀛州都部署劉廷讓戰敗績；並誘執知雄州賀令圖，進而掠邢、深、德州。帝訪近臣知代州者，張齊賢請行，帝命之。齊賢以微弱之兵，而運籌帷幄，大敗契丹於土鐙堡。

太宗端拱二年（契丹統和七年）春，契丹陷易州，遷其民於燕。都巡檢使尹繼倫領兵徼巡，遇耶律休哥帥精兵數萬於途，繼倫潛躡其後，夜襲休哥於徐河，大敗之。自是契丹氣奪，邊兵少息。

(3)眞宗抗遼，勝而謀和，訂城下之盟

眞宗咸平二年（契丹統和十七年）十月，契丹隆緒入寇，侵瀛州（河間府）。都部署康保裔率部，殺傷敵甚衆，兵盡矢絕，保裔死之。十二月，帝自將禦契丹，次於大名。契丹知帝親征，縱掠而去。

眞宗景德元年（契丹統和二十二年）十一月，契丹進寇澶州（大名府之開州）。帝納寇準意，決策次澶州。敵將蕭撻凜出視地形，威武軍項裴發矢中撻凜，死焉。契丹主大懼欲引去，宋師數十萬方至，戰退遼師，於是和議決。遣曹利用至契丹軍議，以銀十萬兩，絹二十萬疋賜契丹，宋爲兄，遼爲弟，定和議。交誓約，各解兵歸。「宋史」載：

「咸平六年（即景德元年）冬十月，契丹軍直犯前軍而陣，未接戰蕭撻覽出，按視地形。李繼隆部將張環守牀子弩射殺之。撻覽有機勇，所領皆銳兵，既死，虜大抽衂。時王欽若在天雄軍，閉門束手無策，但休齋誦經而矣。惟魏能守肅安軍，楊延朗守廣信軍，二軍最切虜境，攻圍百戰不能下。及賊退出境，而延朗追躡轉戰，未嘗

敗衂。故時人目二軍爲銅梁鐵門，蓋由二軍善守也。景德二年正月，以契丹請和，參知政事畢士安請立邊要，選守將。以馬知節知定州，楊延朗知保州，李允則知雄州，孫全炤知鎭州。他所擇任，適當其才。」（註五）。眞宗景祐元年（契丹重熙三年）七月，趙元昊叛，寇環慶各州。四年，元昊稱帝，國號夏。契丹乘西夏之變，遣蕭特來言，欲取關南之地。帝許增歲幣，以富弼報聘之。遼求宋與，雙方言和，戰事已由宋遼之爭轉爲遼金以及宋（南宋）金之爭。

宋遼戰局，以楊業降宋、抗遼以及其戰死於沙場爲重要關鍵。北漢亡，太宗招降楊業並重用之。自此，業奉命戍守代州，屢敗遼軍於雁門關外，使遼主不敢妄動。因而主帥屯邊者如潘美等多忌之。迨遼將耶律斜軫進犯寰州，業被迫孤軍奮戰，士卒死傷殆盡，業重創墜馬被俘，與其子延玉捐軀於陳家谷口外。業死，遼無所顧忌，迭次進犯，宋遣將應戰，然多失利。嗣宋主渴望息戰養民，而文臣武將又多退縮無戰志，澶淵之盟，遂決定北宋之命運。（註六）。

(二)楊業父子捐軀時地之研判

宋太平興國四年，太宗遣潘美等分道討北漢，並親督戰。圍太原，大敗遼之援師，漢主出降，楊業仍據城苦戰。太宗驚其驍勇，招降之。業感宋主厚愛，自此出死力效命於宋室。至楊業父子參與對遼戰役，其爲國家犧牲奉獻之事實，由各種通俗小說及戲劇中所傳說者，可窺知其梗概。如平劇與大陸北方之晉劇，在「轅門斬子」一劇中，楊延昭對八賢王表白，唱：「我大哥替了宋王喪，我二哥短劍一命亡，我三哥馬踏如泥漿，我四哥與八弟失落在北方，我五哥悲憤爲和尚，我七弟被潘賊亂箭所傷；死者死，亡者亡，到如今就留下我沙裏澄金楊六郎。」陝西秦腔「四郎探母」一劇中楊四郎向佘太君哭訴，唱：「咱家住磁州在河塘……有道的宋王把楊愛，我楊家一同投宋來。金沙灘裏一仗敗，我楊家死的好傷懷。我大哥身替宋王壞，我二哥短劍喪塵埃，我三哥馬踩如泥塊，我五弟埋名在五台，我六弟三關爲元帥，我七弟高竿亂箭排，可憐我父李陵碑前命不在，群英陣失却八弟來。將兒失落番邦外，改名木易招裙釵。胡兒衣冠懶穿戴，每日花開心不開。聞叫老娘征北塞，喬裝改扮過營來。」楊業父子犧牲如此之慘重，然究竟犧牲在那幾次戰役，此應值得加以研判。綜合楊業父子參與宋遼作戰，約可歸爲如下述各戰役：

(1)業首戰遼師，係在太平興國四年七月於代州北之雁門關外，以數百騎擊破遼軍十萬之衆，並殺其駙馬侍中蕭多嚕，獲都指揮李重誨等。此役後，遼軍畏之，每見業旗，即倉惶引去。

(2)同四年八月，太宗自將伐遼，與遼將耶律沙、耶律休哥、耶律斜軫會戰於昌平縣之高粱河，先勝後敗，帝乘驢車脫險。此役業及其諸子是否參戰，史無記載。然傳說：「楊大郎延平換穿龍袍，假扮太宗，代主而死。」果如此說，既可說明太宗「改乘驢車脫險」驚險之一幕，亦可印證「我大哥替了宋王喪」確有其事。

(3)太宗雍熙元年春，賀懷浦進言，乘契丹主幼，母后專政，以取幽薊。遂遣曹彬、潘美、田重進、楊業等帥師伐遼，與遼將于越休哥戰於涿州城西南之岐溝，南北列營長六七里。四月，遼大敗宋師，死者過半。此役，史書亦未載楊業父子作戰詳情，但就雙方戰況及傷亡之情勢言，業既由雁門道出師，會戰於岐溝，傷亡恐不能免。

(4)遼乘岐溝戰勝之威，於同年七月，遣耶律斜軫侵寰州，與潘美、王侁、楊業等戰於朔州之陳家谷（石碣峪）（註七）。業知敵兵勢盛，欲避其鋒。護軍王侁及主帥潘美以爲不可。嗣約定戰至陳家谷口，望相援。王聞業敗，遂揮軍擅離谷口，潘亦不加制止。業父子轉戰至谷口，見無人援應，身被十數創，馬重傷不能進，被俘。不屈，不食而死。其三子延玉死焉。自是宋之守雲應諸州者，皆棄城或降敵或潛逃。晉劇中所演「金沙灘」楊家死難故事，如四郎、八郎被俘，身陷遼邦；五郎於戰火中赴五台山清涼寺出家；七郎被潘美因仇陷害等，若果有其事，可能均發生在此一戰役中。但就「宋史」載：「業死難於七月，朝廷於八月錄其子爲貢奉官延朗（延昭）爲崇儀副使，延浦、延訓並爲貢奉官，延環、延貴、延彬爲殿直。」如此，知業諸子在此戰役中，多未遇難。

⑸楊業殉國後，其六子延昭奉命防邊，領沿邊安撫司，駐防陽武谷多年。繼承父志，忠勇衞國，遼師入寇，屢挫其鋒。遼人懼之，目為「楊六郎」。其部將孟良、焦贊同守之。陽武谷之陽武堡有六郎寨，堡西南八十里有孟良城；堡之南十里處有焦贊寨存焉。（註八）。

⑹史書雖無記述，惟據地方之遺跡與傳說，楊家之繼起者，為延昭之子楊宗保及其媳穆桂英，曾與遼師戰於雁門關外之弘州城。此城遺址以及在此地區出土之宋遼銅幣、箭簇等，尚多存於民間。焦贊墓亦在陰山之陽。惟宋遼二史對此均未見一字之記載。

⑺延昭之子楊文廣（俗傳文廣係宗保之子），從狄青討農智高，隨韓琦征不法有功。遼主爭代州地界，文廣獻陣圖並取幽燕策，未報而卒。（註九）。

史學大師錢穆先生云：「秦漢之統一，使中國之富强，而這一個統一，却始終擺脫不掉貧弱的命運，這是宋代一統特殊的新姿態。」（註一〇）。太宗兩次親征契丹均敗歸。眞宗時，西夏陷靈州，契丹乘機掠淄齊，宋無力抗拒，遂訂澶淵之盟。迄仁宗時，對西夏邊患示弱，更引起遼主之欺凌。富弼使遼，重固和議，歲增贈銀絹各十萬。弱難以抗敵，貧由於大量輸財。太宗繼承大業，統一江南，再平北漢，然終未能擊潰契丹，此為宋室（北宋）貧弱之主要因素。貧弱之病因已成，雖有楊業父子竭智盡忠，捍衞邊塞，亦難以挽救其衰敗之命運。

註一：「山西省志」卷十五代州：「雁門關：古勾注東西陘之地，雙闕斗絕，雁度其間，故名。」野史：「代州之北，層巒疊嶂，四十里至雁門，節節高上，直在雲端。關外即古之沙漠地。二十里至廣武站，視關又在十里之上。即宋楊六郎屯兵故址，烽墩鱗鱗俱在。」關志：「雁門封山表郡舊矣，十八隘，自宋有之；宋失去山後，以此爲防。山西省之關四十有餘，皆踞隘保固，而聳拔雄壯，則雁門爲最。」喬宇雁門山記：「午上關，折西躋高嶺，絕頂四望，則繁峙五台聳其東，寧武諸山帶其西，正陽石鼓挺其南，朔州馬邑臨邊之地在其北。」山海經：「雁門者，雁飛出於其間。」呂氏春秋：「雁門九塞之一。」通典：「雁門群南二十里，有東陘關甚險固。」唐志：「雁門有東陘關與西陘關。」代州志山川：「雁門關在州西北三十五里，一名雁門塞。兩山對峙，雁度其間。上有過雁峯特高，與應州龍首山相望。」

註二：「續資治通鑑」卷第十宋紀下。

註三：「山西省通志」卷十一：「嘉慶十六年六月，宣府都御史劉源清言：『漢塞飛狐示天下形勢，今廣昌縣石嶺者，古飛狐也。南通紫荊倒馬，西入大同，故戒備於兩關，不若致謹於飛狐，乃築城於黑石嶺。』魏上地記曰：『代城四十里有飛狐門，飛狐口在廣昌縣北二十里，恒嶺即恒山級古飛狐口也。山如兩翼分張，皆北向而色紫黯如古鐵，形如整削如指掌。』酈食其言：『漢高塞飛狐之口即此。』三關志：『宜大入廣陽惟有二門：居庸直其後，紫荊當其前；由後必於雞鳴山，由前必過黑石嶺，即古之飛狐道。』」「中國歷史地理」㈢，姚從吾之「遼金元篇」：「飛狐口在今河北省淶源縣北，兩岸峭立，一線微通，潘美大敗於此，渾源諸州仍陷契丹。」

註四：同註二。

註五：「宋史紀事本末」一卷、十二「契丹盟好」。

註六：宋遼交戰多次，就有關楊業父子參與作戰地區，並依據史實與傳說，製如附圖，以供參考。

註七：「山西省志」卷十一：「石碣峪南七十里有翠屏山，東峪中有千佛寺，東北面即神武尖山。翠屏山西南七十里即寧武縣界，東至石碣峪，北接馬駿山，南通寧武軍山口，西至托邏山，高下往復二十餘里，盤踞二百餘里。」

註八：見「楊業父子殉難之石碣峪，金沙灘示意圖」

註九：「宋史」列傳卷三十一。

註一〇：「國史大綱」（下册）第十六篇「兩宋之部。」

宋遼交戰地區示意圖

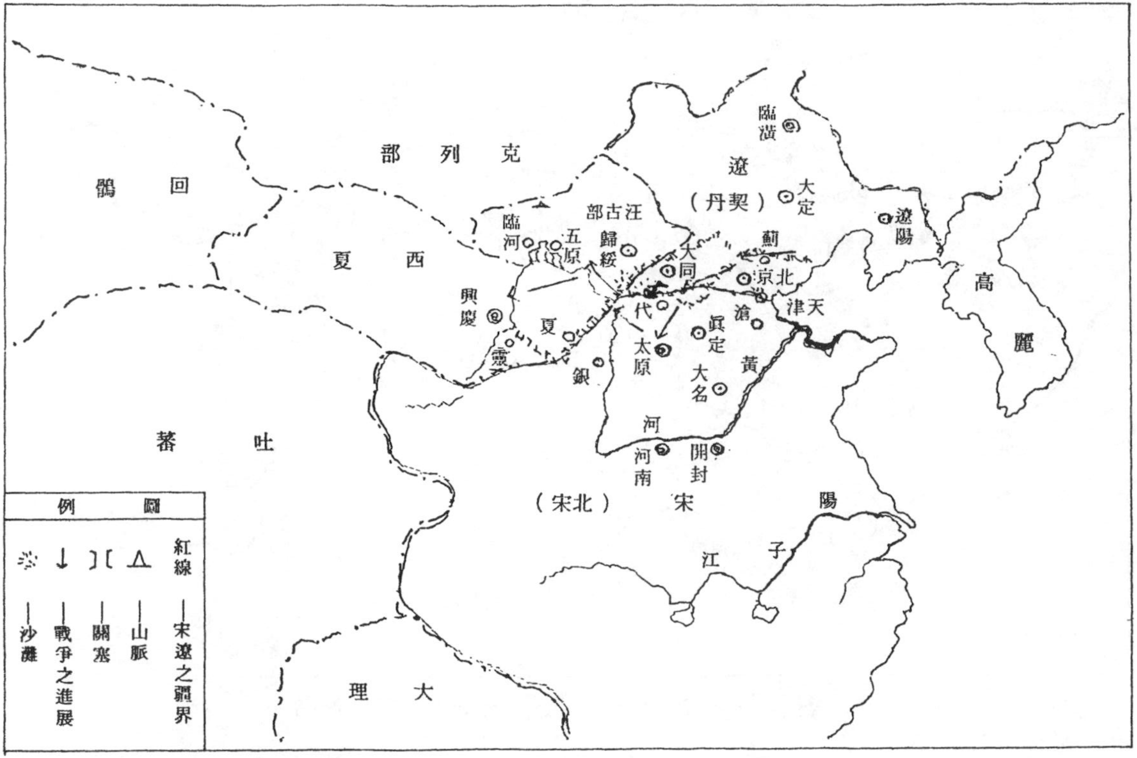
回鶻
克列部
西夏
汪古部
遼
（契丹）
臨潢
大定
遼陽
高麗
臨河
五原
歸綏
大同
薊
北京
天津
興慶
夏
靈
銀
代
太原
眞定
滄
黃
大名
河
河南
開封
吐蕃
（北宋）
宋
陽
子
江
大理
圖例
紅線——宋遼之疆界
——山脈
——關塞
——戰爭之進展
——沙灘

楊業父子殉難之石碣峪、金沙灘示意圖

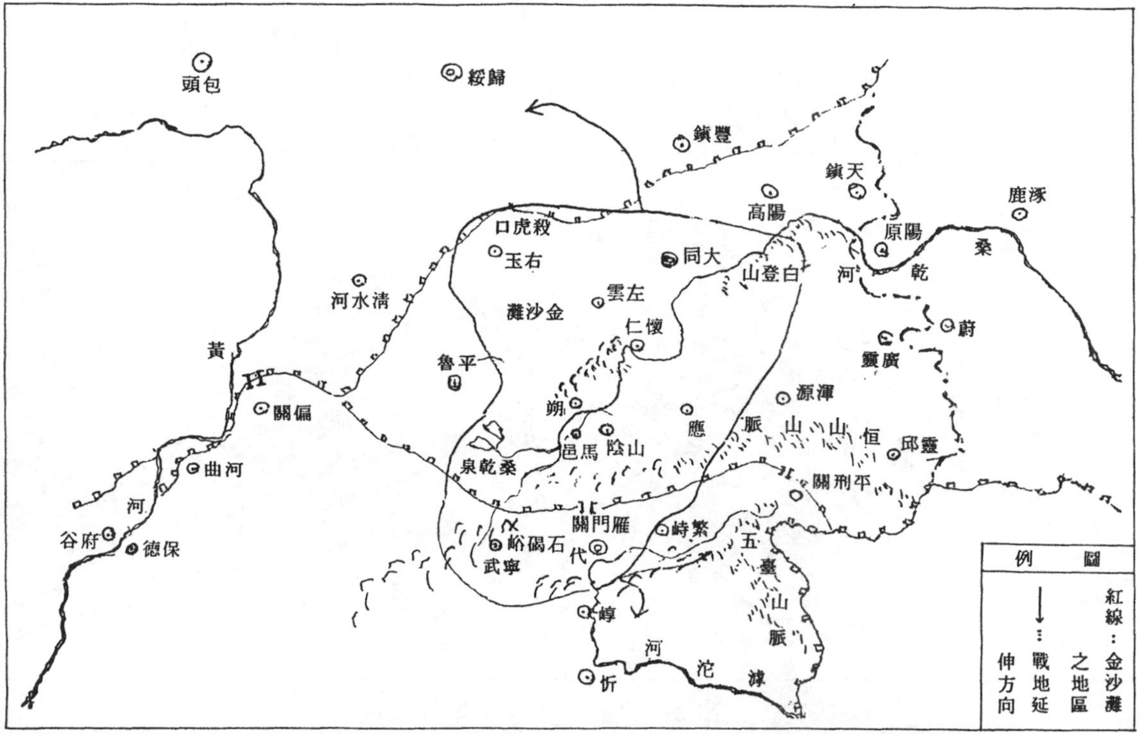

五、楊業父子生平及其忠勇事蹟

據一般通俗小說，以及戲劇與電視，大體將楊業父子之家世，作如下之演義或記載：楊業（卽老令公）父爲楊袞，妻爲佘賽花（卽佘太君，佘洪之女）。有七子二女。長子延平，次子延安，三子延定，四子延玉，五子延德，六子延昭，七子延嗣；二女爲八姐與九妹。其諸子女之婚嫁及其傳承人事，除六子延昭有較多之記述外，餘均不詳。

延昭之妻爲方秋水，子宗保，媳穆桂英，孫文廣。至其四子延玉在遼招親；五子延德赴五臺山出家等事，小說與戲劇中亦多樂道之。年來，港劇「楊門女將」與台視「楊家將」以及最近國劇演出「七星廟」中之楊家人物，概如斯而已。

小說與戲劇之編排，其內容固不能完全符合史實，然對於有關人物之姓名與重要言行，却不應離史實而隨意編造。今就正史（註一）所載，將楊業及其子延玉、延昭；孫文廣各個之事蹟，分別簡述於後。

㈠有關楊業者

業幷州太原人，父信，爲北漢麟州刺史。業幼，倜儻任俠，善騎射，好畋獵，所獲倍於他人。嘗語其同伴曰：「我他日爲將用兵，亦猶用鷹犬逐雉兎爾。」弱冠，事劉崇為保衛指揮使，以驍勇善戰聞，累遷至建雄軍節度使。屢立戰功，所向克捷，國人號為「楊無敵」。宋太宗征北漢至太原，素聞其名，思求之。既而太原孤壘甚危，業勸其主繼元降，以保生聚（註二）。既降，太宗召見，大喜，任為右領軍衛大將軍。師還，授鄭州刺史。

太宗以業老於邊事，復遷代州兼三交駐泊兵馬都部署。會契丹入鷹門，業領麾下數千騎自西京（大同）出，由小陘至雁門北口，南嚮擊之，契丹大敗。以功遷雲州觀察使，仍判鄭代二州。自是契丹師望見業旌旗，即速引去。宋主將戍邊者多忌之，有潛上謗書，斥言其短。帝覽之，皆不問，封其奏，以付業。

太宗雍熙三年二月，以忠武軍節度使潘美為應、雲、朔、寰四州都部署，楊業副之，以西上閤門使蔚州刺史王侁，軍器庫使順州團練使劉文裕護其軍，大兵北征，出鷹門。師次桑乾河，會曹彬之師戰不利，諸路班師，美等退歸代州。六月，契丹太后蕭氏，偕其大臣諸路兵馬都統耶律斜軫及五押惕隱，將兵十萬至安定西，知雄州賀令圖遇之，敗績，斜軫追及，戰於五台，攻陷蔚州。令圖復與潘美帥師往救，又敗；於是渾源、應州之守軍皆棄城走，斜軫乘勝入寰州，殺守城吏卒千餘人。潘美既敗於飛狐，又奉詔與楊業引兵護雲、朔、應、寰四州之民南徙。軍至朔州南之狼牙村，聞契丹已陷寰州，兵勢甚盛。業欲避其鋒，遂謂美曰：

「今敵鋒益盛，不可與戰。朝廷止令取數州之民，但領兵出大石路，先遣人告雲、朔守將，俟大軍離代州日，令雲州之衆先出，我師次應州，契丹必悉兵來拒，即令朔州之民出城，直入石碣峪，遣强弩千人，列於峪口，以騎士援於中路，則三州之衆保萬全矣。」

監軍蔚州刺史王侁沮其議，曰：「領數萬精兵而畏懦如此；但趨鴈門北川中，鼓行而經馬邑。」順州團練使劉文裕亦贊成之。業曰：

「不可，此必敗之勢也。」

侁曰：「君素號無敵，今見敵逗撓不戰，得非有它志乎？」業曰：

「業非避死，蓋時有未利，徒令殺傷士卒而功不立。今君責業以不死，當爲諸公先。」

乃引兵自大石路趨朔州。將行，近謂美曰：

「此行必不利，業太原降將，分當死；上不殺，寵以連帥，授之兵柄；非縱敵不擊，蓋伺其便，將立尺寸功以報國恩。今諸君責業以避敵，業當先死於敵。」

因指陳家谷曰：

「諸君於此，張步兵强弩爲左右翼以援，俟業轉戰至此，即以步兵夾擊救之；不然，無遺類矣！」

美即與侁麾下步兵陣於谷口。斜軫聞業且至，遣副部署蕭達蘭伏兵於路；業至，斜軫擁衆爲戰；業敗，退趨狼牙村。侁自寅至巳不得業報，使人登托邏台望之，以爲契丹兵敗走。欲爭其功，即領兵離谷口，美不能制，乃緣交河西南行二十里；俄聞業敗，即麾兵却走。業力戰自午至暮，果至谷口，望見無人，即拊膺大慟！再率帳下士力戰，身被數十創，士卒殆盡，業猶手刃數十百人；馬重傷不能進，匿深林中。契丹將希達，望見袍影射之，業墜馬被擒。其子延玉與岳州刺史王貴，親射殺敵數十人；矢盡，復張空拳殺敵數十人，乃遇害。業既被擒，因太息曰：

「上遇我厚，期捍邊討賊，破敵以報，而反爲姦臣所嫉逼令赴死；致王師敗績，復何面目求活耶？」

乃不食三日而死。帝聞，痛惜甚。俄下詔曰：「執干戈而衞社稷，聞鼓鼙而思將帥，盡力死敵，立節邁倫，不有追崇，曷彰義烈。故雲州觀察使楊業，誠堅金石，氣激風雲，挺隴上之雄才，本山西之茂族，自委戎乘，式資戰功；方提貔虎之師，以効邊疆之用，而群帥敗約，援兵不前，獨以孤軍陷於沙漠，勁果猋厲，有死不回，求之古人，何以加此？是用特舉徽典，以旌遺志，魂而有靈，知我深意！可贈太尉大同軍節度使，賜其家布帛千匹，粟千石。大將軍潘美降三官，監軍王侁除名，隸金州；劉文裕除名，隸登州。」

業不知書，忠烈武勇有智謀，練習攻戰與士卒同甘苦。代北苦寒，人多服氈罽，業但挾纊露，坐治軍事，傍不設火，侍者殆僵仆，而業怡然無寒色。爲政簡易，御下有恩，故士卒樂爲之用。其敗也，麾下尚有百餘人。業曰：「汝等各有父母妻子，與我俱死無益也，可走還報天子。」衆感泣不去，無一生還者。聞者皆流涕。業死難於七月，朝廷於八月錄其子爲供奉官。延朗（即延昭）爲崇儀副使，次子爲殿直，延浦、延訓並爲供奉官，延環、延貴、延彬爲殿直。

(二)有關楊延昭者

延昭本名延朗，延昭後改焉。幼沈默寡言，兒時多戲爲軍陣。業嘗曰：「此兒類我。」每征行必以從。太平興國中補供奉官。業攻應州，延昭爲其軍先鋒。戰朔州城下，流矢貫其臂，鬥益急。以崇儀副使出知景州。時江淮凶歉，命爲江淮南都巡檢使，改崇儀使知定遠軍，徙保州緣邊都巡檢使，就加如京使。

眞宗咸平二年冬，契丹擾邊。延昭時在遂城，城小無備，契丹攻之甚急。長圍數日，契丹每督戰，衆心危懼。延昭悉集城中丁壯，登陴賦器甲護守。會大寒，汲水灌城上，旦悉成氷，堅滑不可上，契丹軍遂潰去，獲其鎧甲甚衆。以功拜莫州刺史。十月，契丹主隆緒大擧入寇，眞宗駐大名。鎭定高陽關都部署傅潛握重兵頓中山，畏懦閉關自守。延昭與楊嗣、石普屢請益兵以戰，潛不許。及潛抵罪，召延昭赴行在，屢得對，訪以邊要，帝甚悅。指示諸王曰：「延昭父業，爲前朝名將，延昭治兵護塞有父風，深可嘉也。」厚賜遣還。是多，契丹南侵，延昭伏銳兵於羊山西，自北掩擊，且戰且退。及山之西伏兵發，契丹衆大敗，獲其將函首以獻。進本州團練使，與保州楊嗣並命。帝謂宰相曰：「嗣及延昭並出疎外，以忠勇自效，朝中嫉忌者衆，朕力爲保庇，以及於此。」

咸平五年，契丹侵保州，延昭與嗣提兵援之。未成列，爲契丹軍所襲，軍士多傷失。還，將治其罪。帝曰：「延昭輩素以勇聞，將收其後效耶。」宥之。六年夏，契丹復侵望都，復用延昭爲都巡檢使，時講防敵之策。詔嗣及延昭條上利害。又徙寧邊軍部署。景德元年，詔益延昭兵滿萬人，如契丹入寇，則屯靜安軍之東，令莫州部署石普屯馬村西，以護屯田，並斷黑盧口萬年橋敵騎奔衝之路；仍會諸路兵掎角追襲。時王超爲都部署，聽不隸屬延昭。上言：

「契丹頓澶淵，去北境千里，人馬俱乏，雖衆易敗，凡有剽掠，率在馬上。願飭諸軍扼其要路，衆可殲焉；卽幽易數州，可襲而取。」

奏入不報，乃率兵抵遼境，破古城，俘馘甚衆。及請和，眞宗選州守臣，御筆錄以示宰相，令延昭知保州兼緣邊都巡檢使。景德二年，追敍守禦之勞，進本州防禦使。俄徙高陽關副都部署，在屯所九年。

延昭不達吏事，軍中牒訴，常遣小校周正治之。頗爲正所罔，因緣爲姦。帝知之，斥正還營而戒延昭焉。大中祥符七年卒，年五十七。延昭智勇善戰，所得奉賜，悉犒軍，未嘗問家事。出入騎從如小校，號令嚴明，與士卒同甘苦。遇敵必先行陣，克捷推功於下，故人樂爲用。在邊防二十餘年，契丹憚之，目爲楊六郎。及卒，帝嗟悼之，遣中使護櫬以歸。河朔之人，多望柩而泣。錄其三子官，其常從門客，亦試藝甄敍之。子文廣。

㈢有關楊文廣者

文廣字仲容，以班行討賊張海有功，授殿直。范仲淹宣撫陝西，與語奇之，置麾下。從狄青南征，知德順軍，爲廣西鈐轄知宜邕二州。累遷左藏庫使帶御器械。英宗治平中，議宿衞將。帝曰：「文廣名將後，且有功，迺擢成州團練使、龍神衞四廂都指揮使、遷興州防禦使。秦鳳副都總管韓琦使築篳篥城。文廣聲言：「城噴珠率衆急趨篳篥，比暮至其所，部分已定。遲明，敵騎大至，知不能犯而去。遺書曰：「當白國主以數萬精騎逐汝。」文廣遣將襲之，斬獲甚衆。或問其故？文廣曰：

「先人有奪人之氣，此必爭之地，彼若知而據之，則未可圖也。」

詔書褒諭，賜襲衣帶馬，知涇州鎭戎軍，爲定州路副都總管，遷步軍都虞候。遼人爭代州地界，文廣獻陣圖並取幽燕策。未報而卒。贈同州觀察使。

綜上所述，楊業父子歷代戍邊，忠勇衞國，效命疆場，而大書特書，名垂青史者，祇業與延昭，文廣父子孫三將耳。至業之其他諸子，僅錄其名與官職；而延昭之三子，文廣外其他二子名亦未見。一般小說與戲劇中，盛道：「四、八郎在遼招親爲駙馬」、「佘太君統率女將抗遼並征伐西夏」、「楊宗保、穆桂英大破弘州城」等故事。此與史實雖不相符，然爲激勵世人，效法楊家，爲國家民族樹立忠孝之基，故亦未可厚非也。

註一：「宋史」列傳卷三十一；「續資治通鑑」卷第十「宋紀」十。

註二：「續資治通鑑」卷十宋紀下載：「業素驍勇，及繼元降，業猶據城苦戰。帝欲生致之，令繼元招降之。」業剛毅忠勇，此說較合情理。

六、補述

遼、西夏、金三朝之史略

㈠契丹遼（註一）

遼為鮮卑族，居留於遼河及混同江間之一支，迄北魏時已壯大，號為契丹。唐時服屬中國，安史亂後叛離。契丹是由二十餘個部落組成八大部，各部各設酋長一人，稱為「八大人」；八大人共推一大汗統率八部，依次輪代。五代時，八部共推耶律阿保機為大汗。從此，阿保機倣照中國皇帝把持汗位，一系相傳。內而消除諸部大人，外而攻佔灤河上游漢人住區為基地；更進而倣漢族中原文物制度、文武官號、創造文字、築城開荒，奠立其國基。自稱天皇帝，是為遼太祖，稱其妻述律氏為地皇帝。

太祖阿保機，北伐室韋、女眞，西平回紇、吐谷渾，東滅渤海國。後晉李克用與遼太祖約為兄弟，共滅後梁；不料阿保機失信背約，反稱臣於後梁。李克用臨死之際，一再囑其子存勗，要消滅契丹。嗣阿保機被存勗所敗，其子德光繼立，是為遼太宗。

太宗德光善用權術，助石敬塘篡位，是為後晉高祖。敬塘稱臣於遼，並割讓燕雲十六州地予契丹。至此，遼之國勢壯大，先滅後晉，繼圖中原，欲作中國之皇帝。惟事未如願，德光於北返途中病逝。遼世宗（諱阮，小字兀欲）即位。北漢劉崇爲周所攻，乞援於遼，世宗冊封劉爲帝，並自將南伐，突被阿保機之姪察咯殺害。帝位由德光之長子璟（小字述律）所取得，是爲穆宗。伊在位十九年，國內變亂遇弒。其子景宗繼立，國勢中衰。

宋遼衝突，起於宋伐北漢時。迨宋滅北漢之後，除燕雲十六州外，中國全爲宋所治。宋太宗進攻契丹，連克順州（河北順義縣）、薊州（河北薊縣）。遼景宗遣兵增援，敗宋軍於河北宛平縣屬之高梁河。景宗死，其子聖宗立，年十二歲，由蕭太后攝政臨朝，恢復契丹國號。宋太宗再度北伐，又敗歸。宋屢敗，契丹遂南下寇宋。宋眞宗咸平二年，契丹南侵，帝親征。契丹以傷主將始退却。景德初年，契丹復南侵，進兵今河北濮陽縣澶州。眞宗納宰相寇準意，駕至澶州，因而士氣大振，契丹受挫。宋主爲息戰以蘇民困，急欲求和，遂訂澶淵之盟。相約以白溝河爲界，每歲給契丹銀十萬兩，絹二十萬疋；眞宗尊蕭太后爲叔母，契丹主以兄禮事宋。

宋仁宗時，西夏擾邊，遼藉機勒索關南瀛州、莫州等地。宋允每年增銀十萬兩，絹十萬疋。英宗治平三年，契丹復國號曰遼。神宗時，遼遣使要求勘界，帝遣太常少卿議之，宋遂失去晉、冀、察間之一部分土地。契丹國勢日盛之時，正金人（女眞）崛起之際；宋徽宗宣和元年，詔馬政復金，議夾攻遼，以取燕雲。四年（遼保大二年），金襲遼，遼主走夾山。金主旻陷遼京，遼主淳妻蕭氏出奔，宰相奉表降，遼亡。其族人耶律大石率衆西進中亞，史家稱爲西遼，後亦爲蒙古所滅。

遼之帝系及其年歷

㈠太祖阿保機（一一年）。北擊室韋、女眞，西取突厥地滅奚，東併渤海，南據營平二州。㈡太宗德光（二一年）。石敬塘割獻燕雲十六州，南侵至汴。㈢世宗阮（五年）。酖酒色，被弑。㈣穆宗璟（一九）年。稱睡王，被弑。㈤景宗賢（一四年）。宋滅北漢。㈥聖宗隆緒（四九年）。遼全盛，建五京，訂澶淵之盟，以白溝河爲界。㈦興宗宗眞（二五年）。宋增銀絹，續修和。㈧道宗洪基（四七）年，遼衰。㈨天祚帝延禧（二五年）。遼凡九主，經二百一十年（九一五—一一二五）亡。遼亡後，耶律大石建西遼帝國，復延八十四年，然西遼立國，亦多依仗漢人力量。

㈡拓跋西夏（註二）

拓跋氏原爲松州（四川省松潘縣）邊外黨項中最强之一部族。唐太宗時，拓跋赤誠與吐谷渾之慕伏允通婚，遂雄視於黨項中。此時唐室厲行招撫政策，黨項諸部多投効於唐，赤誠內附，授爲西戎州都督，賜姓李氏。其後吐番興盛，逐吐谷渾，並佔領其地，黨項諸部亦多被吞併。其中一部被迫漸移於靈（寧夏省靈武縣）、慶（甘肅省慶陽縣）諸州之地。代宗時，一部移於銀州（陝西省榆林縣南方）之北與夏州之東。其殘留於慶州者稱東山部，留在夏州者稱平夏部；在靈鹽兩州南方山中者稱南山部。西夏之主拓跋思恭即出自平夏部，以助唐平定黃巢有功，授知夏綏銀節度使，其後並世襲夏州定難軍節度使。數傳，勢力時有擴張，五代時，臣事中國。宋太宗伐北漢，思恭之苗裔繼筠，帥師援助。其弟繼捧率族獻地朝宋，賜姓趙。繼捧族弟繼遷不服，遂叛走降遼，遼任為定難軍節度使；並以宗室女嫁之，封為夏國王，是為西夏太祖。其兄繼捧以繼遷事，向宋主奏表謝罪，宋授為銀州刺史。然不久，兄弟均叛宋降遼。

太祖繼遷逝世，其子德明即位，是為太宗，復歸順宋朝。德明於宋眞宗明道元年卒，子元昊嗣位，是為景宗。元昊幼負異稟，雄毅有謀略。年少時，即勸其父背離宋室。嗣位七年，即僭稱皇帝，國號大夏，定都興慶（今寧夏省銀川）。對內刷興政教，設置文武百官及蕃漢學館，自製西夏文字，並以蕃文譯孝經、四書等漢文書籍。對外擴展領土，除原有之夏、銀、宥、綏、靜五州外，又併吞靈、鹽、會、勝、甘、涼、瓜、沙、肅、豐、寧、洪、定、龍、威等十五州。聲勢浩大，遣使至宋，請續和好。

宋仁宗景祐元年，因夏元昊僭稱帝號，怒未承納和好，元昊反，擧兵寇環慶州。宋將除狄青率保安軍擊敗夏師外，而主帥夏竦、范雍均不敵。嗣改遣韓琦與范仲淹分道迎戰。韓主張集中兵力，一舉殲敵；范以為實力不足，宜先固邊防，充實防禦工事，堅壁清野，曠日持久，待敵自行疲弱。後韓部在好水川（甘肅省隆德縣東）與敵交戰受挫，遂放棄速戰計畫，與范協力採取長期戰略，抵禦西夏。韓駐秦州（甘肅省天水），范駐慶州（甘肅省慶陽），二將號令嚴明，愛撫士卒；民心歸向，朝廷倚重，諸羌感恩，西夏不敢進犯。境上謠曰：「軍中有一韓，西賊聞之心膽寒；軍中有一范，西賊聞之驚破膽。」天下稱為韓范。

夏之元昊以部衆傷亡，境內又發生天然災害，人畜損傷慘重，遂遣使向宋求和。宋仁宗慶歷四年，和議成。册封元昊為夏國王；西夏奉宋正朔，宋每歲賜西夏銀七萬二千兩，絹十五萬三疋，茶三十五萬斤。迄宋神宗時，西夏主秉常（元昊孫）被臣下幽禁。神宗採納宦者李憲言，集合五路之師西征。夏以輕騎阻宋軍糧道，並決河水淹宋營，宋軍敗績。夏主秉常死，其子乾順立，仍不時犯境。宋於邊界建立城堡，在平夏（甘肅固原北）一役，擊敗夏師。宋哲宗元符元年，西夏又入寇，大敗之。二年，和議再成。此後，宋與西夏無戰事。直到南宋時，西夏又臣屬於金。後為蒙古所滅。

西夏之帝系及其年歷

㈠太祖繼遷。㈡太宗德明（二六年）。㈢景宗元昊（一七年）。㈣毅宗諒祚（一九年）。㈤惠宗秉常（一九年）。㈥崇宗乾順（五四年）。㈦仁宗孝（五五年）。㈧

桓宗純祐（一二年）。㈨襄宗安全（六年）。㈩神宗遵頊（一三年）。㈪獻宗德旺（三年）。㈫南平王晛（一年）。西夏，實際共傳十主，經一百九十年（一〇三八—一二二八），爲蒙古成吉思汗所滅。

㈢女眞金（註三）

金起於十二至十三世紀滿洲之王朝，系出女眞族。漢魏時稱挹樓，唐時稱靺鞨。唐中期以後在滿洲建立渤海國，唐末爲遼所滅。其後該地居民之一部，以半獨立狀態臣服於遼。靺鞨改稱女眞後，分爲生熟二支：生女眞住於朝鮮咸鏡北道地方互松花江流域；熟女眞住於開原以南，服屬於遼。生女眞分爲完顏部、烏古倫部、紇石烈等部十數大族。其中完顏部在北滿阿什河附近，得地利，漸興盛。攻其鄰部，北收松花江外之呼蘭河流域，東收寧古塔等地。其酋長烏古廼自爲節度使，是爲金之景祖。伊收購鐵片製甲冑，立綱紀，置官位，至其孫阿骨打，於遼天慶四年，叛遼，破遼師於寧江州（吉林省）；次年拔黃龍府（農安縣）。阿骨打稱帝，更名旻，國號金，定都於會寧（松江阿城南），是爲金太祖。遼自與宋議和，並獲得巨額財貨，天祚帝昏庸荒淫。金遂於遼天慶六年，進佔東京遼陽府（今遼陽），並統一其附近之熟女眞，逐天祚帝於內蒙古。金太宗吳乞買繼位，繼續征遼。天會三年，金將完顏婁室深入內蒙，擒天祚帝，遼亡。

宋鑑於金之勢力强大，乃誘駐燕京之遼降將張覺叛金。事爲金所悉，於削平張亂後，遂南下攻宋；連破宋師，並圍汴京。宋兵敗屈服，允納銀二十萬兩，絹二十萬疋。從此，金更輕視宋，分兵兩路渡河南下。宋徽宗引咎禪位於太子桓，是爲欽宗。宋主任李綱帥師禦金，以統兵將帥戰略分歧，與金交戰屢敗。欽宗自知力不能抗，接受金人之三條件：⑴宋輸金五百萬兩，銀五千萬兩，表緞百萬疋，牛馬一萬匹。⑵宋尊金爲伯父。⑶割太原、中山（河北定縣）、河間（河北河間縣）三鎭。⑷宋以親王宰相爲質。成立和議，金始班師歸去。宋和戰無策，旣接受金之條件，而又密詔三鎭固守，不得割讓，並聯西夏以抗金。金太宗以宋未屢行和約，於天惠五年（宋靖康二年），復攻汴京，擄徽宗、欽宗與皇后等北去，並佔領河東、河北、河南、關中、江淮諸地。宋遂南遷，是爲偏安之南宋。

金傳至第三主熙宗，爲海陵王亮所弑。僭位後，苛政百出，民心動搖，攻南宋又失利；於是留守東京遼陽府之曹國公烏祿爲群臣所擁立，是爲世宗，南下削平海陵王亮，入燕京鎭定各地之亂，與南宋和。偃武修文，漸染漢風，是爲金之盛時。傳至章宗，內部腐敗；再傳廢帝允濟，內亂頻起。蒙古部成吉思汗方統一蒙古，開始侵金。宣宗立，與蒙古和，並遷都汴京，以避其鋒。貞祐二年（一二一五），蒙古陷燕京，經略各地，金之領土祇留有河南、陝西之一部分。西夏與南宋乘之，國境益受威脅。宣宗歿，哀宗繼立，成吉思汗西征返，併呑西夏，攻金。蒙古太宗窩濶台立，大舉入金，拔潼關，陷汴京，哀宗逃抵蔡州（河南汝南縣），讓位其子末帝，城陷遂亡，時天興三年（一二三四）。金傳十主，凡一百二十年。

金之帝系及其年歷

㈠太祖阿骨打（八年）。㈡太宗吳乞買（一二年）。滅遼，破汴，擄宋之二帝。㈢熙宗亶（一四年）。㈣廢帝亮（一二年）。遷都燕京，南侵。㈤世宗雍（二九年）。乾道和議，盛染漢化。㈥章宗璟（一九年）。蒙古成吉思汗始立。㈦廢帝允濟（五年）。㈧宣宗珣（一〇年）。蒙古南侵。㈨哀宗守緒（一一年）。金亡。

註一：見
「綱鑑合編」宋紀卷二十九眞宗。
「遼史本紀」卷六。
「國史大綱」（下册）第六編「兩宋之部」。
「中國歷史故事」第四編「中古史下期」。

註二：見

「綱鑑合編」宋紀卷二十九—三十一。

「中國史地詞典」二割據：西夏。

「中國歷史故事」第四篇「中古史下期」。

註三：見

「國史大綱」（下册）第六編「兩宋之部」第三十四章「宋遼金之和戰」。

「綱鑑合編」宋紀三十一—三十二。

「中國歷史地理」㈢遼金元篇。

「中國史地詞典」—金。

「中國歷史故事」第四篇「中古史下期」。

作者在台灣出版之著作

(一) 邊疆問題與邊疆建設	四十六年中華文化事業出版委員會
(二) 亞洲心臟地區與蘇俄侵略政策	四十九年中央文物供應社
(三) 邊疆經濟	五十年蒙藏委員會
(四) 俄帝侵略下之外蒙古	五十三年蒙藏委員會
(五) 大陸邊疆風暴十五年	五十四年中央文物供應社
(六) 國父思想要義	五十五年商務印書館
(七) 國父思想發凡	五十七年輔仁大學
(八) 國父革命史略及其思想圖說	七十二年中華書局
(九) 海天掠影第一集（傳記）	六十六年（自印）
(十) 海天掠影第二集（專題研究）	同　上
(十一) 海天掠影第三集（論叢）	六十七年
(十二) 海天掠影第四集（自述）	同　上
(十三) 綏遠省志書概述	七十一年學生書局
(十四) 王同春與綏遠河套之開發	七十三年五月商務印書館

中華史地叢書

楊業父子忠勇事蹟考

—就史志談「楊家將」—

作　　者／張遐民　著
主　　編／劉郁君
美術編輯／鍾　玟

出 版 者／中華書局
發 行 人／張敏君
副總經理／陳又齊
行銷經理／王新君
地　　址／11494 臺北市內湖區舊宗路二段181巷8號5樓
客服專線／02-8797-8396　　　傳　　真／02-8797-8909
網　　址／www.chunghwabook.com.tw
匯款帳號／兆豐國際商業銀行　東內湖分行
　　　　　067-09-036932　中華書局股份有限公司

法律顧問／安侯法律事務所
製版印刷／百通科技股份有限公司　海瑞印刷品有限公司
出版日期／2018年3月再版
版本備註／據1985年5月初版復刻重製
定　　價／NTD 200

國家圖書館出版品預行編目（CIP）資料

楊業父子忠勇事蹟考 : 就史志談「楊家將」 / 張遐民著. -- 再版. -- 臺北市 : 中華書局, 2018.03
面 ;　公分. -- (中華史地叢書)
ISBN 978-957-8595-28-6(平裝)

1.(宋)楊業2.(宋)楊延昭3.(宋)楊文廣4.傳記
782.2651　　106024806

NO.G2015
ISBN 978-957-8595-28-6（平裝）